허영자 시선집

허영자 시선집

The Selected Poetry of
Heu Young Ja

1962-2023

 동학사

■ 시인의 말

  온 인류가 그 위협을 함께한 코로나 재앙을 감내하면서 목숨과 삶에 대하여 많은 생각을 하였습니다.
  그리고 어쩔 수 없이 시인은 시를 쓰면서 또 살아야겠다는 결론을 얻었습니다.

  이번에 엮는 시선집은 1966년 첫시집 〈가슴엔 듯 눈엔 듯〉부터 2017년 출간한 〈투명에 대하여 외〉까지 11권의 시집에서 뽑은 작품들을 〔흔들리는 은물결〕로, 그 이후 시집으로는 묶지 않고 발표한 작품들에서 가려 뽑은 것들을 〔잡초를 뽑으며〕로 정리하였습니다.

  시의 완성은 수용자 곧 독자에 이르러 완성된다는 생각이기에, 이번에도 먼 곳에 있을, 혹은 먼 나중에 있을 공감의 어느 영혼에게 부끄러운 글 드립니다.

  이 시선집을 엮어주신 동학사 유재영 선생과 수고하신 여러분께 감사를 드립니다.

2023년 늦가을에
허영자

허영자 시선집 차례

시인의 말 5

1 흔들리는 은물결

피리 · 13
임 · 14
조춘早春 · 15
비 오는 밤에 · 16
행복 · 18
하늘 · 19
꽃피는 날 · 20
봄 · 21
감 · 22
가을비 · 23
친전親展 · 24
백자白瓷 · 26
연蓮 · 27
긴 봄날 · 28
복숭아 · 29
바람 부는 날 · 30
어떤 흐린 날 · 31
어떤 날 · 32
수련을 보며 · 34
겨울 햇볕 · 35
복사꽃아 · 36

설경 · 37
무제無題 · 38
휘발유 · 39
밤 꽃밭 · 40
비 오는 날 · 42
가을비 내리는 날 · 43
가을 달빛 · 44
빈 들판을 걸어가면 · 45
꿈 · 46
저물녘 · 47
파도 · 48
가을 · 49
호수 · 50
흰 수건 · 51
찔레꽃 · 52
부재不在 · 53
완행열차 · 54
조국 · 55
한강 · 56
호박잎 · 58
간이역 · 59

풀꽃에게 · 60

외로움 · 61

잠 못 이루는 밤 · 62

무지개를 사랑한 걸 · 63

봄바람 · 64

봄 한나절 · 65

귀뚜라미 · 66

가을 다저녁때 · 67

얼음과 불꽃 · 68

바람소리 · 69

어머니 편찮으시니 · 70

고아孤兒 · 71

어머니 계셨기에 · 72

하얀 길 · 74

은발銀髮 · 75

부끄러움 · 76

사랑 · 78

너무나 서민적인 · 79

이상李箱과 김유정金裕貞 · 80

슬픔 · 81

실치 · 82

문득 내 곁에 · 83

시선視線 · 84

청자靑瓷 · 85

스승과 제자 · 86

바람이 · 87

인내 · 88

지구 · 89

청춘 · 90

버림을 받았기에 · 91

균열 · 92

생명 · 93

가시 옷 · 94

흔들리는 은물결 · 95

겨울 연가 · 96

기도를 위한 기도 · 98

2 잡초를 뽑으며

노년의 뜰 - 바람부는 날 · 101
노년의 뜰 - 늙었으니 · 102
노년의 뜰 - 내 편 · 103
노년의 뜰 - 코로나 재앙 중에 · 104
노년의 뜰 - 입동立冬 · 105
노년의 뜰 - 가시 · 106
노년의 뜰 - 플라스틱 쓰레기 · 108
노년의 뜰 - 노쇠 · 109
노년의 뜰 - 다짐 · 110
노년의 뜰 - 긴 하루 · 111
노년의 뜰 - 소묘 · 112
노년의 뜰 - 비오는 날 · 113
노년의 뜰 - 잡초 · 114
노년의 뜰 - 연민 · 115
노년의 뜰 - 세태 · 116
노년의 뜰 - 한 생애 · 117
노년의 뜰 - 바위 · 118
노년의 뜰 - 천천이 · 119
노년의 뜰 - 눈 내리는 날 · 120
노년의 뜰 - 눈 내리는 밤 · 122
노년의 뜰 - 가로수 · 123
노년의 뜰 - 추사秋史 · 124
노년의 뜰 - 사랑 · 126

노년의 뜰 - 걸작 시 · 127
노년의 뜰 - 가을 억새 · 128
노년의 뜰 - 다시 봄 · 129
땅에 경배敬拜·1 · 130
땅에 경배敬拜·2 · 132
할미꽃 · 133
농부의 믿음 · 134
호명呼名 · 136
합장合掌 · 138
잡초를 뽑으며 1 · 140
잡초를 뽑으며 2 · 141
일기 · 142
익명 · 143
유린蹂躪 · 144
유리창 · 145
소의 입장 · 146
연민 · 148
상련相憐 · 149
사소한 개혁 · 150
메이드 인 아프리카 · 152
백조白鳥의 발 · 154
삶 · 155
미래를 심다 · 156

화산 · 158
희극 · 159
가을 · 160
깊은 겨울 · 161
노을 · 162
눈 먼 사랑 · 163
느린 사랑 · 164
동백 지다 · 166
말뚝 · 167
몸 · 168
밤 소나기 · 170
백비白碑 · 171
부부 · 172
불면不眠 · 173
섬아이 · 174
짚신 · 175
칠월 칠석 · 176
큰 욕심 · 177
폭포 앞에서 · 178
짧은 시론詩論 · 179
기억 · 180
추억 · 181
말세末世 · 182

무제無題·1 · 183
무제無題·2 · 184
무제無題·3 · 185
배덕背德의 사랑 · 186
봄 꿈 · 188
병病에게 · 189
아픔이 아픔에게 · 190
아! · 192
얼굴 · 193
여든 해를 넘기고도 · 194
여근곡女根谷 · 196
에밀레 · 197
이브의 꿈 · 198
자성自省 · 199
수석 한 점壽石一點 · 200
여행 · 202
채식菜食 · 203
가만한 말 · 204
격格 · 206
이상한 일 · 207

1
흔들리는 은물결

피리

흐르는 바람으로
가락을 빚는 그 사람

아 나는
얼마나를

그 창조의 가슴과 손으로
하늘에 사무치는
주문이고 싶으랴

봄날 아침
문을 여는 꽃
죄없이 웃는 혼령이고 싶으랴.

임

그윽히
굽어보는 눈길

맑은 날은
맑은 속에

비 오면은
비 속에

이슬에
꽃에
샛별에……

임아

이
온 삼라만상에

나는 그대를 본다.

조춘 早春

참말 참말
이상한 몸살

황홀한 듯
어지러운 입덧

성처녀의
무염시태.

비 오는 밤에

잠이 안 옵니다
바깥은 밤새 비가 따루고……

나는 참으로
어리석은 여자였습니다

무시무시한
전장에서 돌아오신 당신
쓸쓸한 저녁답
거리 주막을 기웃거리는
당신의 고독을

단 한 번도
위로할 줄 몰랐습니다

차갑게 피가 얼은
도회지 여자를
슬프디 슬프게 바라보던 당신

뉘우침이런 듯
아픔이런 듯
이 밤은 새도록 비가 따루고……

잠이 안 옵니다
자꾸
목이 마릅니다.

행복

눈이랑 손이랑
깨끗이 씻고
자알 찾아보면 있을 거야

깜짝 놀랄만큼
신바람 나는 일이
어딘가 어딘가에 꼭 있을 거야

아이들이
보물찾기 놀일 할 때
보물을 감춰두는

바위 틈새 같은 데에
나무 구멍 같은 데에

행복은 아기자기
숨겨져 있을 거야.

하늘

너무
맑은 눈초리다

온갖 죄는
드러날 듯

부끄러워
나는
숨구 싶어……

꽃피는 날

누구냐 누구냐
또 우리 맘 속 설렁줄을
흔드는 이는

석 달 열흘 모진 추위
둘치같이 앉은 혼을
불러내는 손님은

팔난봉이 바람둥이
사낼지라도
문 닫을 수 없는
꽃의 맘이다.

봄

먹어도 먹어도
배고픈 시장기

죽은 나무도 생피 붙을 듯
죄스런 봄날

피여, 피여

파아랗게 얼어붙은
물고기의 피

새로 한 번만
몸을 풀어라

새로 한 번만
미쳐라 달쳐라.

감

이 맑은 가을 햇살 속에선
누구도 어쩔 수 없다
그냥 나이 먹고 철이 들 수밖에는

젊은 날
떫고 비리던 내 피도
저 붉은 단감으로 익을 수밖에는……

가을비

가을비
주문처럼 내리고

온 수풀은
몸서리를 친다

아아
조락凋落하는 나의 청춘이여

사랑이나
예술이나
또는 신神이나

아직도 미간眉間을 태우는
이런 이름 때문에

한밤중에 일어앉아
나는 운다.

친전親展

그 이름을
살 속에 새긴다
암청暗靑의 문신文身

불가사의의 윤회를 거쳐
마침내
내 영혼이 고개 숙이는 밤이여

절망의 눈비
회의懷疑의 미친 바람도
숨죽여 좌선坐禪하는 고요

'사랑합니다'

참으로 큰
슬픔일지라도
어리석은 꿈일지라도

살 속에
그 이름 새기며
이 봄밤
눈 떠 새운다.

백자 白瓷

불길 속에
머리칼 풀면
사내를 호리는
야차 같은 계집

그 불길 다스려 다스려
슬프도록 소슬한 몸은
현신하옵신 관음보살님
— 이조 항아리.

연蓮

꽃아

정화수에 씻은 몸
새벽마다
참선參禪하는

미끈대는 검은 욕정
그 어둠을 찢는
처절한
미소로다

꽃아
연꽃아.

긴 봄날

어여쁨이야
어찌
꽃 뿐이랴

눈물겹기야
어찌
새 잎 뿐이랴

창궐하는 역병
죄에서조차
푸른
미나리 내음 난다
긴 봄날엔—

숨어 사는
섦은 정부情婦
난쟁이 오랑캐꽃
외눈 뜨고 내다본다
긴 봄날엔—

복숭아

아차 대질리면
어혈 드는 살

바라다만 봐도
문드러지는 살

어스름 달빛 고요히
비껴가는 살

지순무구至純無垢한
성처녀의 살.

바람 부는 날

또 한 번 천지는
흔들리누나

꽃잎은 펑펑
눈처럼 쏟아지고

고꾸라질 듯 고꾸라질 듯
내 영혼 흐느끼느니

알고 싶구나
애인아

바람 부는 날은 그 마음에도
아픈 금이 그이는가.

어떤 흐린 날

이별하는
하늘가엔
울음 머금은
울음 머금은 먹장구름

이별하는
길머리엔
길길이 자란 잡초
바람에 함부로 쓸리다.

어떤 날

쓸쓸한 날엔
벌판으로 나가자

아주 매 쓸쓸한 날엔
벌판을 넘어서
강변까지 나가자

갈잎은 바람에
쑥대머리 날리고

강물을 거슬러
조그만 물고기떼
헤엄치고 있을 게다

버려진 아름다움이
몸을 부벼 외로이
모여 있는 곳

아직도 채
눈물 그치지 않거든
벌판을 넘어서 강변까지 나가자.

수련을 보며

가쁜 숨결
끓는 몸뚱아리

다 던져둔 채

빛나는 촉루髑髏
희디흰 넋으로
바라만 보는

임이여
임이여

오관五官에 사무치는
큰
아픔이여.

겨울 햇볕

내가 배고플 때
배고픔 잊으라고
얼굴 위에 속눈썹에 목덜미께에
간지럼 먹여 마구 웃기고

또 내가 이처럼
북풍 속에 떨고 있을 때
조그만 심장이 떨고 있을 때
등어리 어루만져 도닥거리는

다사로와라
겨울햇볕!

복사꽃아

예쁜
복사꽃아

마침내
네 분홍 저고리
고운 때 묻는 것을
서러움으로 지키거늘

네 분홍저고리
어룽져 바래는 색을 눈물로서 지키거늘

이 봄날
복사꽃 지키듯
내 사랑과 사랑하는 이를
한숨으로 지키거늘……

설경

지워라
고요히……

눈 앞의 한 그루
나무를 지우고

머나먼 외오리 길을
길 위의 발자욱도 지워라

목이 메는 노래도 사랑도
아편의 죄罪도

지우고 지우느니

마침내
비극은 없다.

무제 無題

돌 틈에서 솟아나는
싸늘한 샘물처럼

눈밭에 고개 드는
새파란 팟종처럼

그렇게
맑게

또한 그렇게
매웁게.

휘발유

휘발유 같은
여자이고 싶다

무게를 느끼지 않게
가벼운 영혼

뜨겁고도 위험한
가연성可燃性의 가슴

한 올 찌꺼기 남지 않는
순연한 휘발

정녕 그런
액체 같은
연인이고 싶다.

밤 꽃밭

입술에
입술 포개고

뺨에
뺨 부비어

꽃들은 잠자네

어둠은 흘러
땅을 적셔도

꺼지지 않는
밤하늘 별빛

눈물에
눈물 섞고
마음에
마음 겹쳐

아아
꽃들은 잠자네.

비 오는 날

비 오는 날이면
처녀 시절 생각이 난다
비 맞고 서 있는 나무처럼
마음 젖어 서러이 흐느끼던 그때

비 오는 날이면
처녀 시절 생각이 난다
아득히 비 내리는 신비한 바깥
머언 머언 내일을 내다보던 그때

비 오는 날이면
처녀 시절 생각이 난다
박쥐우산 하나를 바람막이로
용감하게 세상을 밀고 가던 그때.

가을비 내리는 날

하늘이 이다지
서럽게 우는 날엔
들녘도 언덕도 울음 동무하여
어깨 추스르며 흐느끼고 있겠지

성근 잎새 벌레 먹어
차거이 젖는 옆에
익은 열매 두엇 그냥 남아서
작별의 인사말 늦추고 있겠지

지난 봄 지난 여름
떠나버린 그이도
혼절하여 쓰러지는 꽃잎의 아픔
소스라쳐 헤아리며 헤아리겠지.

가을 달빛

달빛도 이제는
해쓱하게 바래어져
사람의 발 앞을 비추질 않고
가만가만 등 뒤로만 따라오누나

다소곳이 고개 숙인
반백의 아내처럼
묻는 말에 조그맣게 대답이나 하며
한 걸음 뒤처져서 따라오누나.

빈 들판을 걸어가면

저 빈 들판을
걸어가면
오래오래 마음으로 사모하던
어여쁜 사람을 만날 성싶다

꾸밈없는
진실과 순수
자유와 정의와 참 용기가
죽순처럼 돋아나는
의초로운 마을에 이를 성싶다

저 빈 들판을
걸어가면
하늘과 땅이 맞닿은 곳
아득히 신비로운
신의 땅에까지 다다를 성싶다.

꿈

밤마다 밤마다
한 트럭 가득히

불보다 뜨거운
장미꽃 싣고

고속으로 질주하는
나의 꿈이여.

저물녘

저물녘이면
그대 생각
깃으로 돌아오는
새처럼……

저물녘이면
호젓한 외로움
말뚝에 몸 부비는
바람처럼……

저물녘이면
그리운 마음
빈 마당에 고이는
달빛처럼……

파도

잠들 줄 모르는 그리움
출렁이는 관능이여
네 영혼과
육신의
끝없는 갈증이
마침내
천 길 벼랑에 이마를 짓찧고
희디흰 포말로 부서지는
마조히즘의 결정이여.

가을

줄에 널린 빨래가
밤비에 젖고 있다

아아
추워라.

호수

고통이
얼마나 조용한 것인가를
호수를 본 사람은 알리라

참으로 고통이
얼마나 크나큰 참음인가를
호수를 본 사람은 알리라.

흰 수건

흰 수건에
얼굴을 닦으려다 멈칫한다

거기
슬프고 부끄러운
초상화 찍힐까 봐

흰 수건에
두 손을 닦으려다 멈칫한다

거기
생활을 헤집고 온
비굴의 때 묻을까 봐.

찔레꽃

가시와 꽃이
위태롭게 나란히

적의와 관능이
부딪칠 듯 나란히

울음과 웃음을
한 가지에 머금은

모순의 향기
하얀 찔레꽃.

부재不在

한 마당
그득히
부신 햇빛 속에

흰 서답만
푸르게
바래이고 있었다.

완행열차

급행열차를 놓친 것은
잘 된 일이다
조그만 간이역의 늙은 역무원
바람에 흔들리는 노오란 들국화
애틋이 숨어 있는 쓸쓸한 아름다움
하마터면 나 모를 뻔하였지

완행열차를 탄 것은
잘 된 일이다
서러운 종착역은 어둠에 젖어
거기 항시 기다리고 있거니
천천히 아주 천천히
누비듯이 혹은 홈질하듯이
서두름 없는 인생의 기쁨
하마터면 나 모를 뻔하였지.

조국

먼 나라에 와서 부르는
그대 이름

아! 내 조국

그 음성 낮으나
잡티 없이 맑고

그 음성 짧으나
꽃불처럼 뜨겁고……

한강

세상에는
수많은 강이 있지만
내 나라 육백년 은성한 도읍의
맑은 하늘을 싣고 흐르는 강은
한강 뿐이리

세상에는
수많은 강이 있지만
북악과 삼각산 푸른 그리매
그 굽힘 없는 기상을 담아 흐르는 강은
한강 뿐이리

귀 기울이면
흰 옷 입은 사람들의 수런거리는 소리
또 귀 기울이면
먼 내일의 창망한 세월을 노래하는
강물소리

세상에는
수많은 강이 있지만
진정 사랑하올손 어머님의 젖줄
굽이굽이 우리 가슴 한가운데를 적시며 흐르는 강은
한강 뿐이리.

호박잎

여름 한낮을
소리 없이 찢는 절규

'아무도 나를 못 막는다'

욕망의 늪을 향하여
쉬지 않고 뻗어가는
시퍼런 손바닥.

간이역

서러운 기다림
사철 꽃으로 피고 지련만
잘 가라고
잘 가라고만
— 푸른 신호등

잊지 않고 돌아오겠노라
굳은 언약도 있으련만
잘 가라고
잘 가라고만
— 푸른 신호등.

풀꽃에게

꽃아 꽃아
작은 풀꽃아
나는 너를 꺾고 싶다
— 너무나 예뻐서

꽃아 꽃아
작은 풀꽃아
하지만
나는 너를 꺾고 싶지 않다
— 너무나 예뻐서.

외로움

물 밑같은
고요 천길

죽음보다
무겁구나.

잠 못 이루는 밤

이슬 구르는 연잎 위에
조그만 새끼청개구리
잠들어 있을까

겹겹 두른 배춧잎 속에
파아란 배추 애벌레
잠들어 있을까

야위어 앙상한 르완다의 어린이
허리 꼬부려 누더기 속에
잠들어 있을까

켜켜이 쌓이는 어둠
시름 깊은 층계 아래
아아
잠 못 이루는 이 캄캄한 밤.

무지개를 사랑한 걸

무지개를 사랑한 걸
후회하지 말자

풀잎에 맺힌 이슬
땅바닥을 기는 개미
그런 미물을 사랑한 걸
결코 부끄러워하지 말자

그 덧없음
그 사소함
그 하잘 것 없음이

그때 사랑하던 때에
순금보다 값지고
영원보다 길었던 걸 새겨두자

눈멀었던 그 시간
이 세상 무엇과도 바꾸지 않을
기쁨이며 어여쁨이었던 걸
길이길이 마음에 새겨두자.

봄바람

응달에도 배어드는
봄 햇볕 속에는
젊은 아주머님 웃음소리 담긴 것 같다

아주머님 저고리는
분홍저고리
분홍빛 부끄러움
천지는 어지러워

아, 어지러워
흙먼지 일으키며
봄바람 분다.

봄 한나절

마음도 달뜨는
봄 한나절에는

쓴냉이 쓴물조차
짙어 스며 오르고

초록 아래 진초록
겹쳐 피어나듯이

그리움 머언 그리움
울음처럼 복받쳐라.

귀뚜라미

귀뚜라미
귀뚜라미
울지 말아라

네 그리
하 애달퍼
목 메이면

얼음 같은
내 마음도
금가려 한다

차돌 같은
내 마음도
깨지려 한다.

가을 다저녁때

나무들이
울음을 삼키고 있다

돌들이
울음을 삼키고 있다

조그만 귀또리도
울음을 삼키고 있다

가을
어느 다저녁때

울고 싶은 나도
울음을 삼키고 있다.

얼음과 불꽃

사람은 누구나
그 마음 속에
얼음과 눈보라를 지니고 있다

못다 이룬 한의 서러움이
응어리져 얼어붙고
마침내 마서져 푸슬푸슬 흩내리는
얼음과 눈보라의 겨울을 지니고 있다

그러기에
사람은 누구나
타오르는 불꽃을 꿈꾼다

목숨의 심지에 기름이 끓는
황홀한 도취와 투신
기나긴 불운의 밤을 밝힐
정답고 눈물겨운 주홍빛 불꽃을 꿈꾼다.

바람소리

이 바람소리
그대는 듣느냐

솔숲끼리 부대끼며
아파라! 하는 소리

대숲끼리 부대끼며
아파라! 하는 소리

그대 듣는 소리
나는 듣느냐

꽃잎이 꽃잎끼리
사람이 사람끼리

스치며 부대끼며
아파라! 하는 소리.

어머니 편찮으시니

봄은 언제나
분홍빛이고

여름은 언제나
유록빛이더니

어머니
편찮으시니

봄도 여름도
캄캄한 검은빛이네

절벽 앞에 선 듯
막막해지는 가슴

온갖 색깔 지우는 찬비가
천지를 적시네.

고아孤兒

구순九旬의 어머니가
말씀 하신다
"나 죽으면 우리 딸은
고아가 되겠지"

옳은 말씀이고말고
칠순七旬의 딸도
어머니 돌아가시면
섧은 고아가 되고말고.

어머니 계셨기에

어머니 저는 한 때
뜬구름 같은
떠돌이가 되려 하였습니다

그러나
어머니 계셨기에
떠나지 않았습니다

어머니 저는 한 때
부랑쟁이
망나니가 되려 하였습니다

그러나
어머니 계셨기에
그리 되지 아니 하였습니다

저의
거칠고 모난 마음이
가시 되어 돋을 때마다

어머니는 언제나
그 옆의
향기로운 꽃이었습니다.

하얀 길

어머니 집으로 가는 길은
하얀 눈길

하얀 눈길 저편에
어머니가 앉아 계신다

분홍 초록 보랏빛
무색 꿈 모두 접어두시고

하얀 나라 공주처럼
조그맣게 하얗게 앉아 계신다.

은발 銀髮

머리카락에
은발 늘어가니
은의 무게만큼
나
고개를 숙이리.

부끄러움

흰 고무신에 쪽을 찐
구식 어머니가
나는 부끄러웠습니다

일요일마다
찬송가 책 옆이 낀
어머니와 손잡고
예배당에 가는 친구가
한없이 부러웠습니다

언문 흘림체로만
글을 쓰는 어머니가
나는 부끄러웠습니다

사투리 대신
상냥한 서울말씨를 쓰고
서양과자를 만드는
친구 어머니가
내 어머니이기를 바랐습니다

바다가 보이는
언덕에 앉아 나는
먼 나라에 있을
멋쟁이 어머니를 꿈꾸었습니다

이제금
바다가 보이는
언덕에 앉아 나는
그 많던 부끄러움이 부끄러워
젖은 음성으로 어머니를 부릅니다.

사랑

네가 그동안 부끄러워하면서
부끄러워하면서 숨기고
감춰오던 네 상처를 환히 보여줄 때
나는 내 뜨거운 입술을 오래오래
그 위에 대이리라.

너무나 서민적인

이불을 끌어당기면
발이 나온다
발을 덮으면
어깨가 시렵다
이리저리
당기고 다독이며 사는
짧은 이불 속
추운 삶이여.

이상李箱과 김유정金裕貞

모멸의 시대
30년대

같은 병을 앓고
같은 죽음을 맞고
같은 오기로 버티던

오만과
겸허의
두 축軸

슬픔

누구도 누구의 슬픔을
다 헤아릴 수는 없습니다

한 슬픔 뒤에는
더 큰 슬픔이 숨어 있습니다

소리 내어 우는 울음 뒤에는
소리 죽여 우는 울음이 있습니다.

실치

실치를 보고 있으면
부끄러워진다

등뼈도 내장도
마알갛게 드러낸 그 투명 앞에
왠지 부끄러워진다

싸고 싸고 또 싸서
꼭꼭 숨긴 비밀이,
비밀의 등뼈와 내장이
낯뜨거워진다

참으로 사람의 마음이
실같이 가느다란
저 실치의 투명만도 못한 것인가

실치를 보고 있으면
자꾸 혼자 부끄러워진다.

문득 내 곁에

차랑차랑한 햇빛 속에
수녀님 한 분 지나가신다
하얀 머릿수건 쓰시고

그 뒤를 이어
비구니 스님 한 분 지나가신다
파르란 까까머리를 하시고

아아 참으로 멀리 계신
하느님도 부처님도
문득 내 곁에 계시는 것 같구나

투명한 가을날.

시선視線

꽃처럼 뜨겁던 욕망!

그 불꽃이 가신
그대의 시선

가을 물처럼
깨끗하다

참 맑다.

청자 青瓷

네 몸에서는
푸른
비취빛 내음이 난다

차가우면서도
따뜻한
고혹蠱惑의 살결

청자여

네 앞에 서면
항시
투명해지는 나의 관능官能.

스승과 제자

부처님은
기쁘셨겠다
가섭迦葉 같은 제자를 두어서

영혼과 영혼이 부딪는
한순간의 섬광
염화시중拈華示衆의 미소

입으로 말하지 않고
귀로 듣지 않았지만
이미 다 말하고 이미 다 듣는
따뜻한 소통
그 투명한 교감

가섭은 진정
행복하였겠다
진신眞身 진언眞言의 스승
부처님이 계셔서.

바람이

바람이
시드는 꽃에게 속삭였다

– 곱게 늙기도 쉽지 않지?

바람이
떨어지는 꽃에게 속삭였다

– 곱게 죽기도 쉽지 않지?

인내

울컥
넘어오는 핏덩어리를
다시 삼키듯이

꿀컥
굴욕을
참아내었습니다

비릿하였습니다

풀잎 끝에
하늘 비치는 이슬이
영롱하였습니다.

지구

내 살이 된
흙이 있고

내 숨결이 된
바람이 있고

내 피가 된
물이 있는

내 고향
내 어머니

이 푸른 별에서
나는 다시

흙이 되고 바람이 되고
물이 되리.

청춘

이마로 돌문을
밀고 또 밀었습니다

온 몸으로 쓰던
혈서血書의 나날

깊은 늪 속 이무기가
밤마다 울었습니다.

버림을 받았기에

버림을 받았기에
고개 숙여 제 모습을 보았습니다

버림을 받았기에
부끄러움이 어떤 것인지 알았습니다

버림을 받았기에
눈물 없는 울음의 깊이를 알았습니다

버림을 받았기에
제 영혼은 조금 키가 자랐습니다.

균열

외로운 날에는
돌도
서로를 마주보며 앉습니다

좀 더 외로운 날에는
돌도
서로 조금 다가앉습니다

참으로 참으로
외로운 날에는
돌은 스스로 제 몸에
아픈 금을 긋습니다.

생명

뛰어내릴 듯
뛰어내릴 듯
강물 속으로

다리 난간을 붙들고 섰던 여자가
문득
돌아 섰습니다

뱃속의 아기가
꿈틀하였기 때문입니다.

가시 옷

가시에
찔리고 찔리며 살아온 삶

마침내
가시 옷을 입고 살아가는 삶

장미薔薇의
무장武裝이여!

흔들리는 은물결

아직도 이 마음
흔들리는 은물결

꽃 옆에 가며는
꽃물이 들락카고

잎 옆에 가며는
잎물이 들락칸다

오늘은 몹시도
바람 부는 날

바람 따라 멀리 멀리
가고픈 이 마음

멀리 가서 누군가를
만나고픈 이 마음.

겨울 연가

분홍도 초록도 가시어진
회색빛 겨울 벌판
이 메마른 사랑을
당신께 드려도 되겠습니까

허리가 꺾인 풀
쓰러져 누운 풀
이 서러운 사랑을
당신께 드려도 되겠습니까

나날이 사위어 가는
모닥불의 온기
이 가난한 사랑을
당신께 드려도 되겠습니까

오롯이 잠깨어
바람 소리 듣는 밤
이 적막한 사랑을
당신께 드려도 되겠습니까

까막까치 울고 가는 하늘
찬 눈발 흩날리는
이 저무는 사랑을
당신께 드려도 되겠습니까.

기도를 위한 기도

내가 함부로
당신의 이름을
부르지 않게 해 주세요

쓰리고 고단한 삶 때문에
당신의 이름을
부르지 않게 해 주세요

알 수 없는 궁륭穹窿
어두운 죽음의 두려움 때문에
당신의 이름을
부르지 않게 해 주세요

운명의 굴레를 헤치고 헤쳐 나와
만신창이 얼굴이 꽃같이 피어날 때
신이여

비로소 당신의 이름을
부르게 해 주세요.

2

잡초를 뽑으며

노년의 뜰
- 바람부는 날

오늘은 바람부는 날

보고싶은 사람
많은 날

오늘도 바람부는 날

보고싶은 사람
많은 날.

노년의 뜰
- 늙었으니

나이들어 늙었으니
비렁뱅이질은 말아야지

설령
입성이 허술하고
밥상이 쓸쓸하더라도
거렁뱅이질은 말아야지

고달픈 몸과 마음
시장하고 목말라도

이리 기웃 저리 기웃
비렁뱅이질은 말아야지
여기 기웃 저기 기웃
거렁뱅이질은 말아야지.

노년의 뜰
– 내 편

말없는 바위 저기 있고
청솔나무는 여기 있고

잡초 속에 갸웃이
패랭이꽃 피어있고

내 편, 내 동무들
모두 여기 모여있네.

노년의 뜰
- 코로나 재앙 중에

신문에
그의 이름이 실렸다
반가운 마음

아니

반가워할 수 없는 마음
부고란訃告欄에 실린 그 이름.

노년의 뜰
– 입동立冬

발을
단단히 디뎌야 한다

다리를
꼿꼿이 세워야 한다

이제부턴
아랫도리 힘으로만 버텨야 한다

웃통을 벗어던진 나무들의 결의가
뜰 안에 가득하다

입동立冬이다.

노년의 뜰
– 가시

절개節槪 혹은
정조貞操를 지키기 위하여
목숨을 초개草芥같이 버린
그런 시절도 있었다지만

초개같이
절개, 혹은
정조를 버리는
이런 시절에

찔레
찔레야!
너는 왜 가시를
아프게 세우고 있니?

밟으면
바스락 소리나는 낙엽들
바람불면
어디론가 쓸려가는 신세들

낙목한천落木寒天에
단심丹心같이 날세운
붉은 가시를
찔레야!

노년의 뜰
- 플라스틱 쓰레기

죽지 못하는
늙은 슬픔이 있듯이

여기

썩지 못하는
낡은 절망이 있네.

노년의 뜰
- 노쇠

"노쇠는 병이 아닙니다"

의사 선생님이 말씀하셨다

노쇠는 병이 아니니 나을 수가 없다는 말씀

노쇠는 그냥 참고 견디는 것이 약이라는 말씀.

노년의 뜰
– 다짐

부디
낮과 밤의 얼굴이
다르지 않기를

혼자일 때와
여럿일 때의 얼굴이
다르지 않기를

처음과
나중의 얼굴이
다르지 않기를

부디
속 마음 또한
그러하기를.

노년의 뜰
- 긴 하루

인생은
잠깐 동안의
짧은
꿈이라는데

너를
기다리는
오늘은
멀고도 긴 긴 하루.

노년의 뜰
– 소묘

도끼로 찍힌 자리
소나무는 새 송진을 토하고
톱날로 베인 자리
이팝나무는 새 순을 키우네

그대들이 준 상처
내 몸은 새 살이 돋고
그대들에게 받은 상처
내 영혼은 고개를 드네

상처의 아픔과 치유의 기쁨
여기
나무와 함께 내가 있는
노년의 뜰.

노년의 뜰
- 비오는 날

소나무도 오동나무도
비에 젖고 있는 날

아무 말도 하지 않고
아무 생각도 하지 않고

비내리는 바깥을
내다보는 것만으로도

머엉하니 우두커니
내다보는 것만으로도

아아 이렇게
행복할 수가 있구나.

노년의 뜰
- 잡초

잡초도 여러 질이라서
쉽게 뽑히는 것이 있고
질겨서 여엉
쉽게 뽑히지 않는 것이 있다

사람 세상에
변절자가 있고
죽음의 순간에도 "만세!"를 외치는
지사志士가 있는 것처럼.

노년의 뜰
- 연민

잡초는 그냥 쉽게
뽑히는 게 아니다
잡초가 뽑힐 때는 입을 앙다물고
한 아름 흙을 안고서야 뽑힌다

그 끈질긴 집착이 미웁다가도
문득 안쓰러워지는 마음
마치 어머니 젖을 놓지 못하는
아기를 보는 것 같아서.

노년의 뜰
- 세태

옛날 노인들은
밥심으로 살았다는데
요즈음 노인들은
약심으로 산다

옛날 노인들은
안방 아랫목이 자리였는데
요즈음 노인들은
지하철 노인석이 자리다

옛날 노인들은
어르신이라고 하였는데
요즈음 노인들은
꼰대라고 한다

옛날 노인들은
아들 며느리가 모셨는데
요즈음 노인들은
요양원 간병인이 돌본다.

노년의 뜰
― 한 생애

봄 여름 지나고 또
가을 지나고
꽃도 나무도 짐승도 사람도
모두 겨울 채비를 하였지만

여기는 따로
겨울 준비가 없었네
여기는 언제나
얼음과 눈보라의 겨울이었으므로.

노년의 뜰
— 바위

식은 마그마를
끝내
품고 있는 고집

황홀한 불의 추억을
끝내
안고있는 집착

버릴 수 없는 고집과
막을 수 없는 집착이 뭉친
저 견고한 침묵의 결기.

노년의 뜰
- 천천이

얼굴에 주름많은
조그만 할아버지랑
머리 하얗게 센
조그만 할머니랑
손잡고 걸어갑니다

어지럽게 돌아가는
바쁘고도 바쁜 세상에

주름과 하얀 머리
조그만 할아버지랑
조그만 할머니랑
천천이 천천이
손잡고 걸어갑니다.

노년의 뜰
– 눈 내리는 날

쓸쓸한 일이지만
참기로 한다

노여운 일이지만
참기로 한다

기쁨도 잠깐
슬픔도 잠깐
인생 또한 잠깐

젊은 그 옛날엔
뜨겁고도 매운
사랑이 있었지

영원히
변치 않으리란
맹세도 있었지

오늘은 가만히
눈내리는 날

가만히 눈내려
따스한 날.

노년의 뜰
- 눈 내리는 밤

아픈 사람아
많이 아픈 사람아

그대 마음에 입은 상처
그대 몸에 입은 상처

그 짙은
보랏빛을 지우며

아프지 말거라
부디 아프지 말거라

이 밤에는
눈이 내린다

하얀 눈이 소리없이
약처럼 내린다

노년의 뜰
- 가로수

그녀의 길은 한 번도
포장된 적이 없는
비포장 길

돌팍을 디딘 맨발은
언제나
상처투성이었다

손 마디 굵은 사내들이 탄 트럭이
자욱히 먼지를 날리며 달리는 길
단내에 절은 길

땅보다 하늘을 우러르는 그녀
멀리서 보면 그 아픔도
아름다운 풍경이었다.

노년의 뜰
– 추사秋史

빈 벽이 마냥
허전하더니

표구하여 건
추사의 쪽편지 한 장

귀양살이 깊은 시름을
씻어내는 맑은 바람

갑자기 빈 벽이
가득차는구나

아니 아니 온 집안이
가득차는구나

아니 아니 온 세상이
가득차는구나

진실로 품격과 인격이란
저런 것이구나

청사淸士의 빛과 향기
바로 저런 것이구나.

노년의 뜰
– 사랑

등뼈가 굽어지고
가슴뼈가 휘어졌는데도
그 속의 심장은
아직도 붉고 뜨겁다

살은 마르고
피골이 상접하였어도
그 속의 심장은
아직도 뛰고 있다

두근
두근거림이여

결코 식을 줄 모르는,
끝이 가까울수록
더욱 선명하고 절실한
심장의 언어여.

노년의 뜰
- 걸작 시

살과 뼈에서 우러나온 참말

푸른 독毒의 순결한 비명悲鳴

갈수록 풀 수 없는 암호暗號

오만傲慢과 겸허謙虛를 아우르는

더는 말 할 수 없는 절명絶命의 말.

노년의 뜰
- 가을 억새

애인을 위해
아내를 버릴 뻔한 남자

아내 대신
애인을 버린 남자

헛헛헛헛 헛웃음 웃고 있는
늙은 남자.

노년의 뜰
- 다시 봄

꽃잎은 바람에
흩날리고 흩날리고

나는 또 이렇게
기다리고 기다리고

세상이 아무리
변하고 변하여도

이 애달픈 애달픔
그대로 애달파라.

땅에 경배敬拜 · 1

몸 굽혀 뜨겁게
땅에 입맞추는 이
있었네

무수한 발이
뛰고 구르고
밟고 다닌 땅인데

온 마음 다하여
오체투지五體投地하는 이
있었네

이 뜨거움
이 겸허함
이 간절함이여

제일 낮은 자리
곧
제일 높은 자리

믿음과 땀으로 섬기는
제사
땅에 경배!

땅에 경배敬拜·2

당신은 늘
멀리 있다고 생각하였습니다

당신은 늘
높이 있다고 생각하였습니다

얼었던 강물이 몸을 푸는 이 봄날
저절로 갈라져 열리는 이브의 자궁

당신은 바로 여기
옆에 있습니다

당신의 뜻은 하늘 아닌
땅에서 이루어집니다

땅이 곧 당신이기에
몸을 굽혀야 경배가 됩니다.

할미꽃
- 터득

아
이렇게 사는 수도
있었구나

잇몸으로
먹고

잇몸으로
웃는.

농부의 믿음

어떤 이는
참회의 눈물로
십자가 앞에 무릎을 꿇고

어떤 이는
해탈의 염원으로
부처님 앞에 두 손을 모우고

어떤 성전은
꽃으로 꾸며져
향기 드높고

어떤 성전은
찬양의 노래로
가득 넘치고……

보이지 않는
섬김의 성전을
마음 속에 지닌 이

농부는 오로지
흙에 대한 믿음 하나로
호미를 들고 허리를 굽힌다.

호명 呼名

쓰라리고 쓰라린 삶
그 모진 아픔을
남에게 말하지 않았고
꽃에게도
새에게도 말하지 않았네

다만 가만히
"하느님" 하고 불렀네

산악 같고 바다 같은 통곡
그 사무치는 슬픔을
남에게 내보이지 않았고
꽃에게도
새에게도 내보이지 않았네

다만 가만히
"아아, 하느님" 하고 불렀네

대답은 늘
멀고 아득하였지만.

합장 合掌

나물 반찬 몇 점
발우 공양을 마친
노스님이
두 손 모아
절을 하시네

소, 돼지, 닭
갈치, 조기, 고등어
마구 잡아먹은
육식의 나보다
더 공손히

목숨에 대한
외경
살생에 대한
자책
저 섬세하고 존엄한 합장

몸으로 쓰는
최선
최미
최고의
경전經典이네.

잡초를 뽑으며 · 1

잡초를 뽑노라면
하느님은 높은 하늘보다
낮고 낮은 땅 아래
더 오래 머무시는 것 같애

사람이 씨 뿌리지 않고
물 주어 가꾸지 않아도
무성히 우거지는
뽑아도 뽑아도 돋아나는 잡초

땅 아래서 이루어지는
생명의 신비
창조의 신화
잡초는 하느님이 지으시는 농사

교황께서 몸을 굽혀
낮은 땅에 입맞추시는 까닭을
너무 잘 알 것 같애
잡초를 뽑노라면.

잡초를 뽑으며 · 2

민심은 천심!
민심은 천심!

오늘도 잡초밭은
아우성 또 아우성

맞다
너희가 이겼다

너희를 응원하는 건
하느님이고

나의 권력은
손에 쥔 작은 호미 뿐

맞다
내가 졌다

민심은 천심!
민심은 천심!

일기

저녁에
일기를 썼다

하늘은 높푸르고 바람은 맑았다. 길에서 만나는 사람들은 낮은 목소리로 "사랑합니다"라고 인사하였다. 공중의 새들, 땅 위의 꽃들도 모두 웃는 것 같았다. 나는 애인에게 다정한 문자메시지를 보내고 무척이나 행복하였다.

콧구멍을 닫고
모래바람 사막을 걸어온 낙타처럼
지치고 팍팍한 어느 하루

저녁에 나는
이런
거짓부렁 일기를 썼다.

익명

아버지는
'우리 아버지'였지만
작업장에 나가면
단지 한 개의 철모
한 벌의 작업복

아버지는
긴 족보의 종손이었지만
도회지에 살면서
'이씨' '김씨'로 불리는
익명의 막일꾼.

유린蹂躪
- 기상 예보

'오늘도 미세먼지'

그 파란 하늘은
어디로 갔을까

그 맑은 바람은
그 시원한 냉수는
다 어디로 갔을까

자본의 욕망이
앗아간
내 유년의 동화
고운 꿈.

유리창

웃는 얼굴
마주 볼 수 있는
저 투명한 경계

말을 하여도
들을 수 없고
두 손이 있어도
서로 잡을 수 없는
저 잔인한 경계.

소의 입장

아픔을 머금은 내 흰 피는
모두 어디로 흘러갔나?
우유라는 이름으로

불고기 육회 산적 너비아니 육포 장조림 떡갈비
갈비탕 설렁탕 곰탕 내장탕 족탕 꼬리탕 사골탕
스테이크 스튜 로스트 커틀릿 햄버그……

목심 등심 안심 채끝 우둔살
설도 사태 갈비 양지머리 앞다리살
안창살 부채살 살치살 업진살 토시살 치마살 제비추리……

모두 인간들이
내 살과 뼈로 만들어 먹는 음식이고
입맛대로 조각조각 내 몸에 부쳐준 이름이다

맞다. 인간들에게는
새김질하는 한 마리 소
정육점 갈고리에 걸린 한 뭉치 붉은 고기 덩어리

하지만 내게도
"음메"하고 부으면 돌아보는 엄마가 있고
"음메"하고 부르면 다가와서 몸 부비는 아가가 있단다.

연민

생명이란
삶이란
얼마나 불쌍한 것인가

다만 한 줄기
파란 피로 뭉개어지는
벌레조차도
저토록
기를 쓰고 어디론가
기어가고 있으니.

상련相憐

가시와
뼈만 발라내고
오늘
등 푸른 생선 한 마리
통째로 구워 먹었다

어머니 여의고
나
서럽게 울었듯이
푸른 울음소리 아스라히
바다 쪽 바람에 실려 왔다.

사소한 개혁

아침에
일찍 깨어
일어나는 것만으로도
세상은 얼마나
달라보이겠느냐

아침에
일찍 깨어 일어나
창문 하나 여는 것만으로도
세상은 얼마나
달라보이겠느냐

아침에
일찍 깨어 일어나
창문 하나 열고
찬물에 세수하고
깨닫는다

세상은
도끼로만 고쳐지는 것이
아니구나.

메이드 인 아프리카

오래 입어 구멍 뚫린
낡은 옷
버리려다 문득
읽은 상표

⟨Made in Africa⟩

아차
잘못할 뻔 하였구나

먹을 음식이 없는 아이들
마실 물조차 없는 아이들
그 굶주림과 목마름
가녀린 까만 손의 극한노동極限勞動

자칫
쓰레기로 만들 뻔 하였구나

정말
이건 아니지
돋보기를 다시 쓰고
바늘에 실을 꿴다.

백조白鳥의 발

저 하얗고 우아한 깃털을 위하여
바삐 바삐 움직이는 물 아래 물갈퀴
빨갛게 얼어 있네

해 지는 저녁답
극한의 작업을 마치고 공장 문을 나서는
한 무리의 노동勞動

이름하여 산업전사産業戰士
얼어있는 물갈퀴
백조의 빨간 발들.

삶

쇠똥구리!

쇠똥을 이고 지고
밀고 끌고 당기고
궁글리며 가는
쇠똥구리

성지 참배 가는
순례자 같기도 하다
십자가 메고 가는
예수님 같기도 하다

아버지의 굽은 허리
어머니의 야윈 어깨
내 온 몸에서도
진땀이 흐른다

쇠똥구리!

미래를 심다

지난 해에
어린 나무를 심을 때
증손자의 머리를 쓰다듬는
그런 마음이었다

올해 또
어린 나무를 심을 때
고손녀의 얼굴을 어루만지는
그런 마음이었다

그렇다
나무를 심는 것은
머언 미래를 심는 것

훗날
내가 이 세상에 없을 때

증손자는 크게 자란
저 나무의 열매를 거둘 것이고
고손녀는 잎새 넓은
저 나무의 그늘에서 쉴 것이다.

화산

터져 나오는 핏물
끓는 마그마

규범의 틀을 깨뜨려 부수는
불의 에너지

놀라워라

나를 세상에 내놓은
아버지의 리비도.

희극

삐에로는
웃는 광대
웃기는 광대입니다

삐에로는
울지 않는 광대
울리지 않는 광대입니다

삐에로가
웃지 않고 울고있으니
참말 우습습니다

삐에로가
웃기지 않고 울리고 있으니
참말 우습습니다

요상한 세상에선
희극도
참담한 비극이 됩니다.

가을

내 삶의 원형질에는
가을이 숨어 있지

보릿고개를 넘어온
서러운 노래
알알이 영근 노동이 있지

내 피의 원형질에도
가을은 숨어 있지

허수아비 남루를
쓰다듬는 바람
눈먼 이의 더듬이 같이
마른 땅을 뚫고 가는
여린 듯 질긴 뿌리가 있지.

깊은 겨울
- 요양병원

그런 눈으로
쳐다보지 마

처음부터
이런
아픈 환자는 아니었어.

그런 눈으로
바라보지 마

처음부터
이런
정신줄 놓은 늙은이는 아니었어.

푸르고 푸르러
거침없던 젊은 날

그 누군들
이런
깊은 겨울이 있을 줄 알았겠어?

노을

보기 어려운
사물의 뒷면이 있듯이

보기 어려운
사람의 뒤태가 있다

너 가고 나서야
비로소 보인 네 뒤태

참
고와라. 따뜻해라.

눈 먼 사랑

배신의 위협
이별의 슬픔은
장막 뒤에 숨은 자객刺客

날카롭게 번뜩이는
그 칼날 위에서
오히려 향기로운
한 송이 창백한 꽃.

느린 사랑

봄 가고
여름 가고
가을도 늦은 가을

두 벌 꽃으로 피는
내 사랑은
아날로그

오늘밤에도
기나긴
손편지를 쓰리라

시간의 수레바퀴
제 아무리
광속으로 달린다한들

저 해와 달의
발걸음을
재촉할 수 있으랴

기다림의 기쁨은
몰약의 황홀, 혹은
윤회의 만다라

영원으로 가는 길
무변으로 가는 길
느리고도 먼 사랑의 길.

동백 지다

1
어저께는
동백!
불꽃으로 타오르더니

오늘은 단지
땅에 떨어진
단두대의 넋이네.

2
할복割腹의 비명悲鳴
저 상큼한 주검.

말뚝

고삐 풀려
모두 다 떠났는데

햇빛에 바래고
바람에 삭은
말뚝 하나

그냥
자리 지키고 있네

머언 산꼴 억새풀 옆집
홀로 사시는
어머님.

몸

너를 조그만
가죽주머니라고 말한 것
미안해

마음 내키는대로
너를 부린 것
미안해

죽으면
썩어 없어질 것이라고 말한 것
참으로 미안해

방목되는 짐승처럼
방황하는 영혼을
티 안나게 감싸준 것은
너였지

성내고 탓하고 미워하고
때로는 웃었다가 울었다가
그 변덕을 모두 참아내어 준 것
너였지

고달파 주름지고 거칠어진 네 앞에
이제사
"미안해"라고 말해서
미안하고 미안해.

밤 소나기

미남이던 고종사촌오빠를
사랑했던 그 여자
징하게도 사랑하고 사랑하다
미쳐버린 그 여자

칠흑같은 이 밤에
맨발로 달려오네
머리 풀어 산발한 채
온몸으로 달려오네.

백비白碑

묘비명은 다 지워지고
백비로 섰구나

선구자先驅者여

말씀으로는 다할 수 없는
당신의 생애

그 하염없음을 영원히 새긴
백비의 순결.

부부

의족을 찬 다리 저는 남자 옆에
다소곳 고개 숙인 키 작은 여자
발맞추어 나란히 걸어가고 있었습니다.

불면不眠

밤이
스르륵 기어 나온다

살모사처럼
머리를 쳐들고
장광을 돌아 뒤뜰을 돌아

새도록
피리를 불어야 하리
저 독毒을 춤추게 하기 위하여.

섬아이
– 시인

섬에서
외로운 아이
뭍으로 갔다

뭍에서
더 외로웠던 아이
다시 섬으로 갔다.

짚신

옛날
우리고향 사람들은
짚신을 신고 다녔습니다

아끼며
아끼며
신고 다녔습니다

물을 건널 때
벗어 든 것은
두말할 것 없고

길을 걸을 때도
사람이 없으면
맨발로 걸었습니다

짚신 닳을까봐
짚신 손에 들고
맨발로 걸었습니다.

칠월 칠석

오늘 밤에는 오로지
두 별만이 별이다
견우 직녀의 밤하늘

오늘 밤에는 오롯한
두 별의 사랑만이 사랑이다
이별을 앞에 둔 절박한 해후.

큰 욕심

온전히 마음 비우고
욕심 버리고 싶은
욕심

욕심 중에는
이 욕심이
그중 큰 욕심이네.

폭포 앞에서

그토록
조용히 흐르던 물이
한순간에 곤두서는
직하直下의 서슬

그렇구나

명창名唱의 득음得音은
소리를 이기는 것이 아니라
저 곧음을
우러르는 것이었구나.

짧은 시론詩論

겨울나무 잎 지는 것
광합성光合成 부족이라고
과학科學한테 배웠는데

뜨거워 뜨거워서
온 몸 너무 뜨거워서
활활
겨울나무 옷벗는다고
시詩한테 새로 배우네.

기억

그 이름 부르면
아직도
숨차오르는 숨차오르는
푸르름이다

그 이름 부르면
천방지축
넓은 들판을 마구 내달리는
망아지 새끼다

그 이름 부르면
깁수건 같이 감기는 슬픔
아득히 머언 먼
그리움이다.

추억

내리는 눈발처럼
설레이던
젊은 날 있었지

노래와 춤조차 아팠던
공중제비의
젊은 날 있었지

한 입에 먹이를 삼키는
맹수의 아가리처럼
이글거리는 눈빛처럼

야망과 결의로
운명과 맞겨루었던
배수진의 결투

먼 하늘 먼 길 따라 방황하던
돈키호오테의
젊은 날 있었지.

말세 末世

거룩한 수호천사守護天使
어머니

더 이상
당신의 후예後裔가 없습니다.

무제無題·1

마리아!

누항陋巷의 수렁에서
당신이 몸을 팔았을 때
당신은 누더기에 싸인
침향沈香이었습니다

아아, 마리아!

높은 다락 위에서
당신이 영혼을 팔았을 때
당신은 비단보에 싸인
썩돌이었습니다.

무제無題·2

코로나 탓으로 한참동안
가지 못한 시골집
마당 한켠 매화나무
절로 꽃 피고
절로 꽃 지고

꽃 진 자리
절로 맺힌 열매
따려다가
그냥 두고 왔네
절로 떨어지라고.

무제無題 · 3

아무리
서러운 길이라도
삶은 여전히 빛나고

아무리
굴욕스런 삶이라도
목숨은 여전히 귀하고

노숙의 밤
몸은 언 땅에 누일지라도
꿈은 여전히 뜨겁다.

배덕背德의 사랑

있는 그대로의 너를
있는 그대로
사랑하지 못하는
슬픔이여

오래된 믿음
오래된 가치
그 중심이
바람 앞의 촛불인 날

폐허의 왕국
무너진 성채 앞의 신민이듯
통곡하는 나

있는 그대로의 너를
있는 그대로
사랑하지 못하는
배덕의 눈먼 사랑으로만

너는 오로지
순결하고
너는 오로지
눈부신 불꽃

그리고
영원한, 변치 않는
샹그릴라.

봄 꿈

초록빛 치마 아래
가느다란 종아리
내 유년이 달려오고 있다

두 볼은 능금빛
농익은
부끄러움이 달려오고 있다

*

목련 이울어
땅에 누운 꽃잎 꽃잎
그 하이얀을
밤새도록
봄비가 적시고 있었다.

병病에게

젊은 날
너는 나의 경쟁자
독한 너를 이기려고
열에 들떠 까무라치기도 하였다

이제
너는 나의 동반자
네가 나를 다스리고
내가 너를 다스리며
노을지는 하늘 함께 바라보는
정다운 어깨동무.

아픔이 아픔에게

내가 많이 아프니
더 많이 아픈
너를 생각한다

내 병상이 쓸쓸하니
더 많이 쓸쓸한
네 자리를 생각한다

내가 많이 아프지 않았다면
더 많이 아픈 너의 아픔
알지 못하였으리

내가 외롭지 않았다면
더 많이 외로운 너의 외로움
그냥 지나쳤으리

아픔과 외로움은
견디기 어려운 고통, 혹은
절망일지라도

나 아프기에
더 많이 아픈 너를 헤아려
손잡을 수 있네

나 외롭기에
더 많이 외로운 너를 위하여
맑게 맑게 손모아 기도하네.

아!

여든 너머엔
무엇이 있을까
늘 궁금했는데

여든 넘어도
봄꽃 피면
아!
하고 놀라는 마음

여든 넘어도
어여쁜 사람 만나면
아!
하고 설레는 마음

여든 너머에도
그 놀람
그 설렘
그대로인 부끄러움.

얼굴

부끄러운 초상화
안되려고
아침마다
씻고 닦았지만

저녁하늘
비낀 노을
어룽져 남아있네
못다지운 눈물자죽.

여든 해를 넘기고도

여든 해를 넘기고도
아직 나
궁금한 것 많아서

하늘의 뜻을
하늘에 맡기지 못하고
땅의 일을
땅에 내려놓지 못하는
어리석음이여

여든 해를 넘기고도
아직 나
뜨거움 다 식지 않아서

떨리는 살
잠재우지 못하고
울렁이는 피
다스리지 못하는
부끄러움이여

저 멀리 겨울산
뼈로 서거라
이제는 곧은 뼈로 서거라
아아한 돌기둥 내보이는데

어쩔거나
오늘도 나는
폭삭 흙으로 무너지느니.

여근곡 女根谷

여인이여

생명의 씨앗을 배태하는
어머니의 궁

하면서도

항시 유린踩躪의 표적이 되는
슬픈 슬픈 살이여.

에밀레

우리 고향 폿돗재 너머 정 생원네 손녀딸은
제 할배 할매 따라 산에도 가고 들에도 가고
낮에는 큰애기같이 잘도 놀다가도
거울거울 해지는 저녁답이면
보따리 싸 대처로 내뺀 어미 찾아 웁니다

어매야 우리 어매 어디 갔는가
어매야 우리 어매 왜 안오는가
쇠종 속에 갇힌 애기 울음소리
에밀레 에밀레 목이 쉰 울음소리
산이 젖고 강이 젖고 천지가 젖습니다.

이브의 꿈

동안거冬安居를 끝내고
토굴을 나서는
그 여자

아라베스크
신비한 무늬를
온 몸에 아로새기고

칭칭
능금나무를 휘감아 오르는
비단배암.

자성 自省

아네모네
너 부끄러운가 봐
고개를 숙이었네

아네모네
나도 고개를 숙이네
싸늘한 겨울 한밤

삶은
지울 수 없는
부끄러운 발자욱

낡은 일기장에는
가만히 숨겨둔
진보라빛 멍자국.

수석 한 점 壽石一點

돌아!
야문 돌아!
네 앞에 내 결의는
흩어지는 구름이구나

돌아!
야윈 돌아!
네 앞에 내 욕망은
때묻은 부끄러움이구나

기이奇異하지만 괴이怪異하지 않고
색色이 스몄지만 교태롭지 않고
구멍이 났지만 텅 비지 않은

돌아!

오늘 내 앞에
엄엄한 스승으로 계신
한 점
야물고 야윈 돌아!

수석壽石의 요건- 경硬,쇠衰,기奇,혈穴,색色

여행

낯선 땅
먼 나라에 와서
생각하는 내 조국

먼 나라
낯선 사람들 속에서
굽어보는 내 모습

먼 나라
모르는 말 속에서
읊어보는 내 모국어의 시.

채식菜食

오늘 아침
나는
푸른 풀밭 위의
한 마리 착한 양羊

어머님이 차려주신
정갈한
나물반찬
밥상 앞에서.

가만한 말

시리고
추운 날

영
죽겠는 날

"사랑해"
가만히 말하면

세상이 조금은
따뜻해 지는 것 같애.

무섭고
떨리는 날

캄캄해
앞이 안보이는 날

"사랑해"
가만히 말하면

세상이 조금은
화안해 지는 것 같애.

격格

밀짚모자를 눌러쓴
그이
멋지고 늠름해 보이는
그이

왕관으로 갈아쓴
그이
슬프고 초라해 보이는
그이.

이상한 일

총, 칼, 대포
지뢰, 폭탄
드디어 핵무기

살인, 살상
강탈, 강간
최고의 악덕을 위한 군대

참으로 이상한 일
평화를 위하여
전쟁을 준비하는 일

참으로 이상한 일
평화를 위하여
전쟁을 하는 일.

허영자 시선집

지은이 · 허영자
펴낸이 · 유재영, 유정융
펴낸곳 · 주식회사 동학사

1판 1쇄 · 2023년 11월 24일
출판등록 · 1987년 11월 27일 제10-149

주소 · 04083 서울 마포구 토정로53 (합정동)
전화 · 324-6130, 324-6131 | 팩스 · 324-6135
E-메일 | dhsbook@hanmail.net
홈페이지 | www.donghaksa.co.kr
www.green-home.co.kr

ⓒ 허영자, 2023

ISBN 978-89-7190-868-6 03810

※ 저자와의 협의에 의해 인지를 생략합니다.
※ 잘못된 책은 바꾸어 드립니다.